15 Mars 1902

Marqué P

VENTE

Du Samedi 15 Mars 1902

HOTEL DROUOT, SALLE N° 11

à deux heures

OBJETS D'ART

ET DE CURIOSITÉ

PORCELAINES ANCIENNES DE SÈVRES, DE SAXE

DE CHINE ET DU JAPON

BRONZES DU TEMPS DE L'EMPIRE

SURTOUT DE TABLE DE THOMIRE

ARGENTERIE — PLAQUÉ

ARMES ORIENTALES

Meubles et Bois sculptés

TAPISSERIES

Me **LÉON TUAL**, commissaire-priseur

56, rue de la Victoire

M. B. LASQUIN, expert

12, rue Laffitte

CATALOGUE

DES

OBJETS D'ART

ET DE CURIOSITÉ

PORCELAINES ANCIENNES DE SÈVRES, DE SAXE

DE CHINE ET DU JAPON

BRONZES DU TEMPS DE L'EMPIRE

SURTOUT DE TABLE DE THOMIRE

ARGENTERIE — PLAQUÉ

ARMES ORIENTALES

Meubles et Bois sculptés

TAPISSERIES

Dont la vente aura lieu

HOTEL DROUOT, SALLE N° 11

LE SAMEDI 15 MARS 1902

A DEUX HEURES

COMMISSAIRE-PRISEUR

Me LÉON TUAL

56, rue de la Victoire

EXPERT

M. B. LASQUIN

12, rue Laffitte

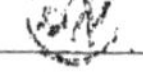

EXPOSITION PUBLIQUE

Le Vendredi 14 Mars 1902, de 2 heures à 5 heures 1/2

CONDITIONS DE LA VENTE

Elle sera faite au comptant.

Les adjudicataires paieront *dix pour cent* en sus des enchères.

Paris.—Imprimerie de l'Art, E. Moreau et Cie, 41, rue de la Victoire.

DÉSIGNATION

ARGENTERIE ET PLAQUÉ

1 — Service à café en vermeil, comprenant un plateau, une cafetière, un pot à crème, un sucrier, huit tasses avec soucoupes et huit cuillers à café.

2 — Douze petits gobelets à liqueurs en vermeil.

3 — Plateau de service en doublé et plateau à lettres.

4 — Poêlon en argent.

5 — Service, genre Louis XV, en argent, comprenant une cafetière, un sucrier et un pot à crème.

6 — Cafetière-verseuse en plaqué.

7 — Deux bouts de table et un moutardier en argent, avec une cuiller à moutarde.

8 — Trois plats ronds et un plat ovale Empire en argent.

9 — Deux légumiers carrés et six dessous de carafes en plaqué.

10 — Corbeille ovale, à deux anses et piédouche, en argent repoussé.

11 — Plat creux et plat rond, à bord contourné, en argent.

12 — Saucière sur plateau et une cuiller en argent.

13 — Cafetière, sucrier et pot à crème en argent.

14 — Trois flacons en verre gravé, avec pieds en argent.

15 — Deux beurriers en cristal gravé, avec garnitures en argent.

16 — Cornet porte-bouquet et deux coupes en cristal gravé, avec pieds en argent.

17 — Deux légumiers en plaqué

18 — Deux cuillers, un couteau et une petite fourchette en argent russe.

19 — Service de dix-huit couteaux de table et dix-huit à dessert, à manche d'ivoire, douze autres à lame d'argent, une truelle à poisson, un service à découper, un manche à gigot, une pelle à beurre et un couvert à salade. Le tout dans un écrin.

20 — Deux flambeaux en bronze : faune et faunesse supportant des vases.

21 — Deux bas-reliefs : figures de Naïades, d'après Jean Goujon ; bronze de *Barbedienne.*

22 — Quatre pièces : services à salade et à découper, en argent.

23 — Deux pièces : couteau et fourchette à poisson en argent.

24 — Quatre pièces, dans des écrins : serpette à glace, couteau à poisson, pelle à beurre et une cuiller à sucre.

25 — Douze fourchettes à huîtres en argent.

26 — Dix-huit couverts à dessert en argent. (Écrin).

27 — Porte-huilier Empire, métal argenté.

PORCELAINES DE SÈVRES,
DE SAXE ET AUTRES

28 — Théière ovoïde en vieux Sèvres, pâte tendre, décor de bouquets de roses, année 1766, décor de Vavasseur.

29 — Quatre tasses et soucoupes, de même porcelaine et de décor analogue.

30 — Sucrier ovale, sur plateau, en porcelaine de Locré, à fleurs, filets bleus et or.

31 — Grande coupe ronde, sur piédouche, en porcelaine bleu-marbrée de Sèvres.

32 — Groupe en ancienne porcelaine de Saxe : Chinois et Chinoise dans un bosquet.

33 — Statuette en ancienne porcelaine de Saxe : enfant tenant un coq.

34 — Groupe en ancienne porcelaine de Saxe : fleuve.

35 — Grande statuette en ancienne porcelaine de Saxe : femme en costume russe jouant au triangle.

36 — Figurine en ancienne porcelaine de Saxe : amour tenant une flèche à la main.

37 — Figurine en ancienne porcelaine de Saxe : homme debout.

38 — Petit amour en ancienne porcelaine de Saxe.

39 — Figurine en ancienne porcelaine de Saxe : jeune femme tenant en mains un plateau de fruits.

40 — Petit amour en ancienne porcelaine de Saxe : perruquier.

41 — Figurine en ancienne porcelaine de Saxe : homme assis jouant de la cornemuse.

42 — Grand groupe en ancienne porcelaine de Saxe : Mercure ayant à ses côtés un coq et un amour.

43 — Statuette en ancienne porcelaine de Saxe : Chinois ayant à côté de lui un pot de fleurs.

44 — Deux tasses, avec leurs soucoupes, en porcelaine de Saxe ancienne, camaïeu bleu : personnages dans un parc.

45 — Petit sucrier en porcelaine de Saxe, fond bleu, avec couvercle.

PORCELAINES DE CHINE
ET DU JAPON

46 — Deux belles potiches en vieux Chine, décor en émaux de la famille verte, chinoises en promenade.

47 — Potiche en vieux Japon, décor bleu, rouge et or.

48 — Plat moyen, à décor de poissons au centre et fleurs en émail bleu sur la bordure.

49 — Plat octogone et plat long en vieux Chine, décor en émaux de la famille verte, l'un à figures, l'autre à fleurs.

50 — Grand plat rond en vieux Chine, fond gros bleu, avec réserve au centre, offrant des figures près d'un kiosque, en émaux de couleur où le vert domine.

51 — Plat moyen et creux, décoré en émaux de couleurs: chasse au tigre.

52 — Plat moyen, de la Compagnie des Indes, femme assise au centre.

53 — Plat moyen et creux, décoré de chrysanthèmes en couleurs et un autre plat à figures au centre.

54 — Deux plats divers en vieux Japon, décor bleu, rouge et or.

55 — Deux cornets en ancienne porcelaine de la Compagnie des Indes, décor à mandarins.

56 — Deux écuelles hexagones en ancienne porcelaine de la Compagnie des Indes, décor de figures.

57 — Deux assiettes à bord festonné en vieux Chine, décor en émaux roses.

58 — Deux compotiers en vieux Chine, figure au centre.

59 — Six assiettes en vieux Chine à fleurs, en émaux de couleurs.

60 — Sept assiettes de même porcelaine.

61 — Deux compotiers, à bordure ajourée, en vieux Chine.

62 — Dix pièces : assiettes ou compotiers en vieux Chine, décors variés.

63 — Deux petits plats en vieux Chine, décorés en émaux verts, figures dans des paysages.

64 — Compotier en ancienne porcelaine coquille d'œuf de la Chine, décoré d'un sujet familier, revers en rouge d'or, et un compotier décoré de figures de lettres.

65 — Quatre couteaux à manche en vieux Chine, et une cuiller en porcelaine de Saxe.

66 — Deux bols et une cuvette en porcelaine de Chine.

BRONZES

67 — Surtout de table en bronze ciselé et argenté. Signé de *Thomire*.

Il est composé de deux coupes à fruits, étagères à trois plateaux de cristal, deux coupes sur bases à palmettes et deux autres petites coupes sur pieds bas.

68 — Deux flambeaux Empire en bronze doré.

69 — Petit encrier en bronze doré du temps du Premier Empire.

70 — Flambeau de bouillotte à trois bougies en cuivre.

71 — Petit buste de Molière en bronze, de *Barbedienne.*

72 — *Pax* et *Labor*, statuette en bronze. *A Basset éditeur.*

73 — Deux vases en bronze à piédouche, et à deux anses, de style grec.

74 — Lustre, à douze lumières, bronze et cristal de roche.

75 — Deux girandoles, à cinq lumières, bronze et cristal de roche.

76 — Deux candélabres, marbre et bronze, à six lumières.

77 — Pendule, marbre, avec sujet en bronze.

78 — Deux vases en porcelaine de Naples.

79 — Paire de vase Empire, bronze doré, formant corbeille.

80 — Paire d'appliques Louis XVI, à trois lumières, bronze doré.

81 — Paire d'appliques, bronze doré. Époque Empire.

ARMES

82 — Yatagan à foureau et garniture en argent, manche en morse.

83 — Paire de pistolets circassiens, avec montures en argent.

84 — Casque persan en acier damasquiné.

85 — Deux kriss malais et un poignard à manche en morse.

86 — Deux couverts chinois, un poignard japonais.

87 — Quatre pièces : couvert dans une gaîne, une paire de ciseaux en fer découpé, un poignard et un kandjar indien.

88 — Yatagan, fourreau en argent.

89 — Cimeterre, fourreau argent niellé.

90 — Fusil Louis XV, à pierre, garniture en cuivre.

91 — Deux hallebardes.

92 — Rondache en peau de rhinocéros.

DIVERS

93 — Brasero sphérique en ancien émail cloisonné de Chine, à trois pieds et deux anses-têtes chimériques en bronze, couvercle et socle en bois de fer.

94 — Éventail, de l'époque Louis XV, à monture d'ivoire sculpté et doré, à sujet pastoral et attributs ; la feuille, peinte à la gouache, représente le sujet de Renaud et Armide.

95 — Éventail, genre Louis XV.

96 — Cinq pièces : trois cuillers et deux peignes Empire.

97 — Deux bouteilles en porcelaine cloisonnée du Japon.

98 — Cuvette en émail de Chine.

99 — Aquarelle, par Ch. Haquet : chien couché dans un fauteuil.

100 — Cinq éventails, monture ivoire. Ce lot sera divisé.

101 — Cadre Louis XIV en bois sculpté, contenant une peinture : Christ en croix.

102 — Haut-relief ovale en marbre blanc du XVIIe siècle : deux enfants jouant avec un lion.

103 — Deux petits groupes en terre cuite : bergers et enfants.

104 — Atlas universel, par M. Robert, géographe du Roy, 1757. Reliure en maroquin rouge.

105 — Fontaine en cuivre armorié.

106 — Trois paires de ferrures d'armoire.

107 — Chaise hindoue.

108 — Vase en étain.

109 — Cruche en grès.

110 — Gong chinois.

111 — Deux vases, bronze japonais.

112 — Une pendule Louis XV.

MEUBLES ET BOIS SCULPTÉS

113 — Meuble flamand Renaissance, à deux corps, en chêne sculpté.

114 — Encoignure en noyer.

115 — Panneau en chêne sculpté : Sacrifice d'Abraham.

116 — Haut relief, bois sculpté : Père Eternel.

117 — Tête d'ange avec draperie : bois sculpté.

118 — Deux petits panneaux gothiques, bois sculpté.

119 — Commode Louis XIV, marqueterie, poignées bronze.

120 — Commode ancienne, ornements bronze.

121 — Bois de fauteuil Louis XVI, bois peint.

122 — Bois de canapé Louis XV.

123 — Coffre en bois sculpté.

124 — Buffet bois sculpté.

125 — Lit Louis XVI.

126 — Bois de lit Louis XV.

127 — Ecran en tapisserie au petit point.

TAPIS - TAPISSERIES

128 — Tapisserie flamande : sujet de chasse.

129 — Tapisserie de Feltin.

120 — Tapisserie-verdure d'Aubusson.

131 — Tapis d'Aubusson, avec bouquet de fleurs au centre.

132 — Deux tapis d'Orient.

133 — Morceaux de tapis d'Aubusson, fond marron.

134 — Sous ce numéro, les objets non catalogués.

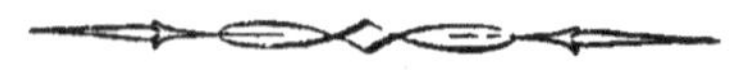

www.ingramcontent.com/pod-product-compliance
Lightning Source LLC
LaVergne TN
LVHW010019230826
846092LV00002B/893

* 9 7 8 2 3 2 9 5 2 9 2 1 9 *